Ghost secret

Les jumeaux de Pompéi

Couleurs : Christophe Araldi
Conception graphique : Valérie Gibert et Philippe Sedletzki

Hachette Livre, 43 quai de Grenelle, 75015 Paris.

Sophie Marvaud

Illustrations : Céline Papazian

Ghost secret

Les jumeaux de Pompéi

HACHETTE

Quelque part loin des routes, caché au cœur d'une forêt profonde, se trouve un château très vieux, immense et sombre, appelé :
le Château des Ombres.

Les héros

Cléo est toujours en pleine forme. Ce qu'elle préfère, c'est grimper aux arbres, nager, et courir à toute vitesse. Elle trouve la vie très intéressante et elle a toujours plein de questions à poser. Quelle chance que son meilleur ami, Balthazar, ait réponse à tout... ou presque !

Grodof, le chien de Cléo, est un bâtard aussi malin qu'un teckel, aussi rapide qu'un lévrier, aussi costaud qu'un rottweiler et aussi tendre qu'un labrador. Mais il est le seul chien au monde à avoir de longues oreilles pointues, enroulées sur elles-mêmes comme des tire-bouchons.

Balthazar adore réfléchir comme un détective. Il sait énormément de choses, grâce à son ordinateur, à la télé et aux livres. Il déteste se bagarrer, ou jouer au foot. Mais il accompagne partout Cléo, sa meilleure amie, parce qu'avec elle, il est sûr de ne jamais s'ennuyer !

Chaque soir, au douzième coup de minuit, dans le grand donjon de l'aile nord, apparaissent sept fantômes.

Les enfants attendent avec impatience ce moment magique.

Traînant leur lourd boulet au bout d'une chaîne, les sept fantômes traversent les murs en gémissant. Ils errent dans la salle des gardes, glaciale, et plus sombre que la nuit. En montant l'escalier en colimaçon, ils s'énervent contre le boulet qui les tire en arrière. Au cours de leur vie, ils ont fait une très, très grosse bêtise. Quand ils étaient vivants, cette bêtise les empêchait de dormir.

Maintenant qu'ils sont morts, son souvenir les empêche de s'envoler vers le Pays du Repos Souriant.

De toutes leurs forces,
Ils espèrent que quelqu'un
viendra les délivrer…

Un jour, le dernier des sept fantômes dépose au bas de l'escalier **UN CASQUE DE GLADIATEUR.**

Les enfants s'en approchent... Et ils sont transportés au cœur d'une incroyable aventure...

Chapitre 1

Esclaves à vendre

— Un casque de gladiateur ! s'exclame Balthazar. Tu as vu, Cléo, cette grille qui masque le visage ?

Dans l'escalier, un fantôme se retourne. Torse nu, il a

l'épaule et le bras droit protégés par des plaques de métal. En levant son glaive, il s'écrie :

— Philippus, mon frère jumeau, qu'es-tu devenu ? Le Vésuve t'a-t-il pris la vie ?

— Le Vésuve est le volcan qui a détruit la ville romaine de Pompéi, dit tout bas Balthazar à Cléo. Je te préviens, je n'ai pas du tout envie de vivre l'éruption !

— Oh, Philippus ! poursuit le fantôme. Le nuage de cendres nous a séparés... Pour toujours !

— C'est trop triste, soupire

Cléo, en posant la main sur le casque de gladiateur.

Aussitôt, elle disparaît. Grodof gémit, l'air de dire : « Je déteste les éruptions volcaniques. » Mais pour rien au monde, il n'abandonnerait

sa chère Cléo. Balthazar non plus, bien sûr. Ils touchent l'objet magique…

… et ils réapparaissent au centre d'une place animée. Les deux enfants sont vêtus de tuniques de couleur vive, resserrées à la taille par une ceinture. Grodof porte un collier de métal gravé. Autour d'eux, on crie, on rit, on marchande.

— Quoi, ça coûte 2 as, une chope de vin, maintenant ?

— Ici, on vend le meilleur garum de Pompéi ! Aux

anchois pour les petits budgets ! Aux maquereaux pour les connaisseurs !

— C'est quoi, du garum ? demande Cléo.

— Une sorte de sauce au poisson, lui explique son meilleur ami.

— Messieurs, mesdames, une offre incroyable : un jeune esclave en pleine santé pour seulement 3000 sesterces !

En se pinçant le nez à cause de l'odeur forte du garum, Cléo et Balthazar se tournent

vers le marchand qui vient de crier. Il fait claquer son fouet plusieurs fois sur les pavés. Derrière lui, sont alignés des hommes, des femmes et des enfants, avec de lourdes chaînes aux chevilles.

— C'est horrible, de traiter des êtres humains comme ça ! s'exclame Cléo, révoltée.

Une litière, une sorte de lit ambulant tenu par quatre porteurs, s'arrête devant le stand. Un murmure parcourt la foule :

— Caïus Cronius Cruentes !

— L'homme le plus riche de la ville...

— Aux prochaines élections, je vote pour lui. Il promet des jeux du cirque plus souvent !

Du fond de la litière, un petit homme au visage maquillé agite sa main grassouillette, ornée de bagues.

— Hé, marchand ! Pour 5000 sesterces, je

prends les deux hommes qui se ressemblent, là-bas.

— Quel œil tu as, Caïus! le flatte le marchand. Tu as tout de suite repéré mes meilleures marchandises. Ils viennent directement d'Asie Mineure.

— Le voyage en bateau ne les a pas abîmés, au moins?

Le marchand pousse les deux adolescents vers son client.

— Mais non! Regarde comme Petrus est costaud! Et Philippus est l'esclave le plus souple et le plus agile que j'aie jamais acheté!

Cléo donne un coup de coude à Balthazar.

— Le futur fantôme, c'est Petrus...

Caïus Cronius Cruentes s'étonne.

— Ils ont le même visage, mais leurs corps sont très différents... Ce sont des frères ?

— Des jumeaux.

Le riche notable a un rire cruel.

— Eh bien, je vais en faire deux gladiateurs... Voilà de quoi donner du piment à mes jeux !

Chapitre 2

Une montagne trop paisible

Sous la main de Cléo, les poils de Grodof sont tout hérissés.

— Qu'est-ce qui t'arrive, mon chien ?

Du museau, il lui indique

une montagne verdoyante qui se dresse à quelques kilomètres de la ville. Tout respire la paix dans ce paysage de vignes et de vergers, sous ce ciel d'un bleu limpide. Une mince fumée noire s'échappe du sommet, mais elle n'est pas plus menaçante qu'un feu de broussailles dans un champ.

— Le Vésuve ! Un volcan endormi depuis plusieurs siècles, murmure Balthazar, fasciné.

Soudain, il a l'air inquiet :

— Quand est-ce que va avoir lieu l'éruption ? Et

si Grodof percevait des vibrations du sol que les hommes ne peuvent pas sentir ?

Pour en avoir le cœur net, il s'approche d'une fontaine publique. Une jeune femme y remplit une cruche, qu'elle pose ensuite sur le  rebord.

— La cruche vibre ! s'écrie Balthazar. C'est exactement ça, le premier signe de l'éruption. Cléo, on est le 24 août 79 !

— Alors les jumeaux

doivent s'enfuir tout de suite ! Comme ça, ils ne seront pas séparés par le nuage de cendres !

— Tu as raison. Et je crois que c'est le bon moment. Regarde !

Caïus Cronius Cruentes a fini de négocier. Tandis qu'il donne des ordres à son régisseur, le marchand retire les chaînes des jumeaux.

Sur la place, personne ne prête attention aux deux enfants et à leur chien. Cléo s'approche des jumeaux et les interpelle à voix basse :

— Sauvez-vous maintenant ! Vite !

— Nous sommes des esclaves, lui rappelle Pétrus avec un peu de mépris. Selon les lois romaines, notre nouveau maître a droit de vie et de mort sur nous. Si nous nous enfuyons, où irons-nous ? Comment gagnerons-nous notre vie ? On finira bien par nous rattraper ! Et

ensuite, nous serons torturés et mis à mort.

— Mais le volcan va bientôt entrer en éruption ! Un nuage de cendres va tomber sur la ville ! Et il vous séparera pour toujours, ton jumeau et toi !

Pétrus hausse les épaules.

— Rien ne peut nous séparer.

— Et d'abord, dit Philippus à Cléo, tu te prends pour qui, toi, pour faire des prédictions pareilles ? Pour la Pythie ?

Elle lance un regard interrogateur à Balthazar, qui lui explique à l'oreille :

— C'est une prêtresse très célèbre qui prédit l'avenir.

— Mais non, je ne me prends pas pour

MP. CAESAR. DIV. GERM

la Pythie ! dit Cléo aux jumeaux. Simplement, mon ami Balthazar est très savant. Il sait qu'une éruption va avoir lieu.

Les jumeaux regardent le jeune garçon et éclatent de rire. Cléo enrage, mais elle ne sait pas quoi ajouter. C'est à ce moment-là qu'arrive Fufidius, le régisseur de Caïus. C'est un petit homme nerveux armé d'un fouet.

Il fait signe aux jumeaux pour qu'ils le suivent. Ceux-ci lui obéissent docilement.

Chapitre 3

Piégés !

— J'ai une idée ! s'écrie soudain Balthazar. Je sais comment les convaincre !

— Alors suivons-les. On trouvera bien l'occasion de leur parler.

Le régisseur et les jumeaux quittent le marché, puis passent devant des temples, des thermes, une boulangerie, et toutes sortes de boutiques.

— Sympas, ces passages piétons, dit Cléo en sautillant d'une grosse pierre à l'autre au milieu de la chaussée. Hein, Balthazar ?

— Attention ! On va les perdre de vue !

Fufidius et les jumeaux viennent de tourner à droite. Ils se dirigent vers un bâtiment impressionnant, avec de hauts murs sans fenêtres et des colon-

nades. Devant une petite porte discrète, le régisseur attrape le trousseau de clefs accroché à sa ceinture.

Faisant claquer son fouet, il pousse les jumeaux dans un couloir étroit et sombre. Puis il  referme derrière lui.

— Oh non ! s'affole Balthazar. Comment on va faire pour leur parler ?

— On n'a qu'à trouver une autre entrée, suggère Cléo. Ou même une fenêtre.

Balthazar fait la grimace :

— Il n'y en a pas ! On est devant la caserne des gladiateurs. Elle est exactement comme dans mon livre sur Pompéi.

Pendant qu'ils discutent, Fufidius réapparaît. Mais cette fois, il est seul.

— Je ne vois qu'un moyen d'approcher les jumeaux, chuchote Cléo. Il faut voler les clefs du régisseur !

Petit à petit, suivre Fufidius sans se faire remarquer devient difficile. Il hésite à chaque carrefour... Il fait demi-tour au milieu d'une rue... On dirait qu'il a du temps à perdre avant de retrouver son maître, et qu'il réfléchit à la meilleure manière de l'utiliser.

Soudain, il se décide. Il marche droit vers les thermes et pénètre à l'intérieur.

Un garde barre la route aux enfants.

— L'accès est interdit aux animaux ! Et l'entrée des bains des femmes, c'est de l'autre côté !

Cléo lui lance un grand sourire.

— Merci, monsieur !

Plus loin, derrière les colonnades, Grodof se couche et Cléo s'assied par terre près de lui.

— On t'attend là, Balthazar.

— Euh… Tu crois que c'est prudent que j'y aille tout seul ? Tu ne veux pas qu'on pique les clefs à un autre moment?

— Mais non ! On a beaucoup de chance ! Il va bien être obligé de poser son trousseau pour se baigner.

Malheureusement pour Balthazar, il n'a aucun autre plan à proposer. Les jambes tremblantes, il

revient vers le garde, qui lui demande cinq as et le laisse passer.

Dans le vestiaire, le régisseur a retiré sa tunique et déposé son fouet. Il est en train de nouer une serviette autour de ses hanches. Mais il ne s'est pas séparé de son trousseau de clefs, qu'il tient maintenant à la main !

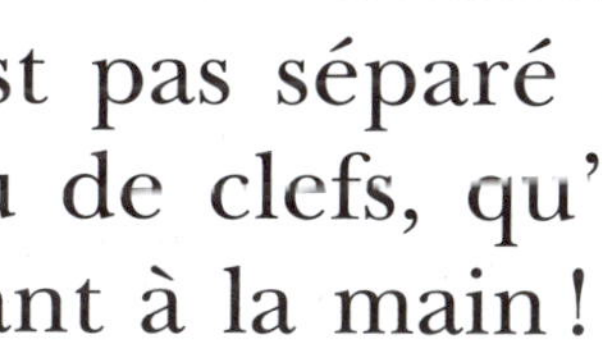

Chapitre 4

Chaud et froid

Quittant le vestiaire, Fufidius pénètre dans une cour entourée de colonnes. Quelques hommes échauffent leurs muscles avec des mouvements de gymnastique.

Le régisseur traverse leur groupe sans s'arrêter, et Balthazar le suit discrètement.

La pièce suivante est arrondie, voûtée, et sans fenêtres. Sa fraîcheur contraste avec la chaleur de cette belle journée d'été.

Quelques hommes se baignent dans un bassin. Le régisseur s'approche du bord, tâte l'eau du bout du pied et frissonne. Le cœur battant, Balthazar se prépare à agir...

Mais l'eau du frigidarium est trop glaciale pour Fufidius.

Il entre dedans jusqu'à la taille et se contente de s'asperger le haut du corps de la main droite. Puis il se dépêche d'en sortir, sans lâcher son trousseau, qu'il tient toujours dans sa main gauche.

Il passe ensuite dans le tepidarium, une salle rectangulaire richement décorée de statues et de mosaïques, à l'atmosphère tiède et

humide. Il s'assoit parmi d'autres hommes sur un banc de pierre. Laissant son corps s'habituer au changement de température, il ferme les yeux et essaie de se détendre.

Caché derrière un pilier

sculpté, Balthazar guette le moment où le régisseur lâchera son trousseau. Pour l'instant, la main de Fufidius reste crispée autour du cercle de métal.

Un quart d'heure plus tard, le régisseur se décide à entrer dans le caldarium, une petite pièce, arrondie, dans laquelle il fait encore plus chaud et, surtout, très humide.

Balthazar le suit péniblement : il a du mal à respirer ! Le

régisseur s’assoit au bord d’un bassin, les pieds dans l’eau. Il transpire à grosses gouttes. Cette fois, ses doigts desserrent leur pression sur le trousseau… Un cliquetis discret indique à Balthazar qu’il a fini par lâcher les clefs.

Dissimulé par le brouillard de la vapeur d’eau, Balthazar s’assoit à gauche du régisseur. Il pose sa main sur le rebord du bassin et, petit à petit, il l’approche du trousseau…

Soudain, on entend un bruit terrible. Les

cinq hommes présents échangent des regards incrédules. Qu'est-ce que c'est ? D'où vient ce vacarme ?

Ramassant ses clefs, Fufidius saute sur ses pieds. Il tente d'apercevoir quelque chose par la fenêtre qui est étroite et placée assez haut sur le mur.

Comme il ne voit rien, il se précipite à travers les thermes vers le vestiaire. Et s'il était arrivé quelque chose à son maître ? Sa place est auprès de lui !

Balthazar fonce au-dehors. Il est si soulagé

de retrouver ses amis ! Mais jamais il n'a vu Grodof dans un état pareil ! Celui-ci tremble aussi fort qu'un navire sous la tempête. Et sans Cléo qui le caresse et lui parle doucement, il se serait déjà enfui.

— Je n'ai vraiment pas de chance ! leur explique Balthazar. Le Vésuve a explosé juste au moment où j'allais réussir !

Dans la rue, les gens se sont tous arrêtés, le nez en l'air. Ils regardent avec beaucoup de surprise le

sommet de la montagne, d'où s'échappe une immense colonne de fumée noire.

Balthazar panique :

— Oh, là, là ! Dans une heure, la pluie de cendres va commencer ! Mais comment on va faire pour délivrer les jumeaux sans les clefs ?

Chapitre 5

Chez Caïus le cruel

— Je suis sûre qu'on réussira la prochaine fois ! dit Cléo.

Justement, Fufidius sort des thermes d'un pas rapide. Suivi par les enfants, il emprunte une rue secondaire. Il parvient devant une double porte cloutée, gardée par un Africain grand et musclé.

Mais l'homme a été lui aussi surpris par l'explosion. Il a fait quelques pas pour observer le Vésuve. Et derrière lui... il a laissé la porte ouverte.

Fufidius s'y engouffre. Cléo, Balthazar et Grodof se faufilent à sa suite.

Ils se retrouvent dans une vaste cour ombragée, plantée de palmiers et de lauriers-roses, avec des cages à oiseaux, des statues, et une fontaine. Le plus étonnant, ce sont les fresques peintes sur les murs de la cour. Elles représentent d'autres arbres, d'autres statues, d'autres fontaines. Du coup, le jardin a l'air encore plus grand !

— Je crains un tremblement de terre, maître ! déclare Fufidius un peu plus loin.

Vite, les enfants et le chien s'accroupissent derrière la fontaine.

— Eh alors ? rétorque Caïus Cronius Cruentes, allongé sur un divan. J'ai survécu au précédent, il y a dix-sept ans. Je survivrai aussi à celui-là !

— Est-ce que ça ne serait pas plus prudent de quitter Pompéi, le temps que les dieux s'apaisent ? demande une voix féminine.

— Pour que les pillards s'en donnent à cœur joie avec ma vaisselle d'or ? Il n'en est pas question, Sabina ! Si tu as peur, va faire tes prières à Junon ! Je me charge de Vulcain.

Le riche notable ricane.

— Le dieu du feu aime le fracas des armes... Pour le distraire, nous

allons organiser au plus vite des jeux du cirque. Fufidius, avons-nous quelques bêtes sauvages en réserve ?

— Des lions, maître... et un éléphant.

— C'est parfait ! J'ai eu raison d'acheter deux nouveaux gladiateurs, ce matin. Va donc les chercher et amène-les à l'amphithéâtre. Je t'y rejoins. Nous allons commencer leur entraînement.

Il ajoute, avec un sourire cruel :

— J'ai ma petite idée...

Cléo, Balthazar et Grodof se dépêchent

de retourner dans la rue. Au-dessus du Vésuve, la fumée jaillit toujours en colonne épaisse. Et tout en haut de la colonne, un énorme nuage s'est formé. Mais les habitants de Pompéi poursuivent leur vie de tous les jours.

— À part l'épouse de Caïus, personne ne semble inquiet, s'étonne Cléo.

— Les gens n'ont pas compris qu'une éruption avait commencé, explique Balthazar.

Grodof, lui, sent la terre vibrer de plus en plus souvent sous ses

pattes. Son cœur bat à tout rompre et Cléo lit de la panique dans ses yeux.

Balthazar réfléchit de toutes ses forces. Qu'est-ce qu'il a appris exactement dans son livre ?

Soudain, il fait avec ses doigts le V de la victoire.

— Super ! Je sais comment entrer dans l'amphithéâtre ! Mais pour ça, il faut d'abord faire un petit détour par le port...

Chapitre 6

L'étonnante prédiction

Courant dans les rues, les enfants et leur chien atteignent l'autre bout de la ville. Là, de grands navires à rames attendent d'être chargés en vin ou en tuiles, qui seront vendus tout autour de la Méditerranée.

Dans un coin du port, Balthazar repère ce qu'il cherchait : une corde qui sert à amarrer les bateaux. Elle est longue et très solide. Il la ramasse et, vite, il explique son idée à Cléo.

D'épaisses fortifications entourent Pompéi. Elles datent des guerres qui ont déchiré la région. Côté ville, des tours massives permettent de monter sur les remparts, bordés de créneaux.

Les enfants et leur chien grimpent dans

la tour la plus proche. Puis ils courent le long du chemin de garde, en direction de l'amphithéâtre. Loin sur leur gauche, le gros nuage noir qui surplombe le Vésuve commence à se diriger vers Pompéi.

— Dépêchons-nous ! dit Balthazar, très inquiet.

L'amphithéâtre est un vaste bâtiment arrondi, adossé aux fortifications. Cléo accroche la corde à un créneau et jette l'autre extrémité dans le vide.

Les enfants retiennent leur souffle... Ouf ! La corde atteint les premiers gradins !

Les deux amis commencent par suspendre Grodof à la corde. Et il est vraiment lourd ! Pourtant, ils réussissent à le faire atterrir en douceur. Puis ils descendent à leur tour.

Sautant d'un gradin à l'autre, ils parviennent juste au-dessus de l'arène et se cachent derrière un pilier. Allongé dans sa litière, Caïus Cronius Cruentes sort le premier dans l'arène, depuis les cou-

lisses. Le régisseur et les jumeaux l'accompagnent.

Fufidius a les bras encombrés d'épées, de boucliers, de casques... Il les jette dans le sable aux pieds des futurs gladiateurs. Mais c'est le riche notable qui s'adresse aux jumeaux, en riant de plaisir :

— Toi, Pétrus, tu seras mirmillon. C'est un monstre marin,

armé d'un glaive et d'un bouclier. Et toi, Philippus, tu devras capturer le monstre. Voici tes accessoires de rétiaire : un filet de pêche, un trident et un poignard.

Les jumeaux échangent un regard terrifié. Ils n'ont aucune envie de se battre l'un contre l'autre ! Mais Fufidius fait claquer son fouet.

— Allez, mettez vos tenues !

Bien obligés d'obéir, les jumeaux retirent leurs tuniques et enfilent leurs costumes. Après quelques coups de fouet de Fufidius, Philippus commence à sauter autour de Pétrus pour tenter de le capturer. Celui-ci résiste, son glaive dressé devant lui. Mais il fait très attention à ne pas blesser son frère.

— Attention, les avertit Caïus. Si vous vous battez bien pendant les jeux, la foule vous laissera la vie sauve. Sinon, ce sera la mise à mort.

Il se tourne vers son régisseur :

— Fufidius, je te laisse poursuivre leur entraînement.

Dès que sa litière a quitté l'amphithéâtre, les enfants et Grodof sortent de leur cachette. Le régisseur fait claquer son fouet.

— Qu'est-ce que vous faites là, les gamins?

D'une voix forte, Balthazar s'écrie:

— Mon amie la jeune Pythie prédit que dans quelques minutes, il va neiger!

Interloqué, Fufidius le regarde, puis regarde Cléo. Les jumeaux éclatent de rire. Neiger? Au mois d'août?

— Ensuite, poursuit Balthazar, il pleuvra des pierres tièdes et légères !

Bizarrement, la folie de ses paroles adoucit le régisseur.

— Vous pouvez assister à l'entraînement, gamins. À condition d'arrêter de raconter des bêtises !

Pendant quelques minutes, le faux pêcheur s'exerce à capturer le faux monstre marin, qui s'exerce à lui échapper. Soudain, des éclairs déchirent le ciel. Le gros nuage noir a fini par atteindre Pompéi. Il pleut des petites pierres.

de lave, encore tièdes, et trop légères pour faire des dégâts. Et il neige de la cendre !

Chapitre 7

Une monture acrobatique

D'un scul coup, les jumeaux n'ont plus envie de rire. Si cette petite fille a prédit ce phénomène incroyable, elle a raison aussi sur le fait qu'ils vont êtrc séparés ! Et pour eux, être séparés est pire que tout, même que la mort. Cette fois, c'est sûr, ils doivent s'échapper !

À la même seconde, ils se décident. Pétrus plonge vers la main de Fufidius, son glaive en avant : le fouet tombe à terre. Profitant de la surprise du régisseur, Philippus lance son filet par-dessus sa tête. Prisonnier, Fufidius tombe à genoux.

— Fuyons ! crient les jumeaux exactement en même temps.

Cléo, Balthazar et Grodof les rejoignent

en sautant dans l'arène. Le temps que Fufidius se débarrasse du filet, ils sont tous dans les coulisses.

— Dans une heure, tout sera recouvert d'un mètre de cendre, explique Balthazar. Les pierres qui tombent du ciel seront de plus en plus lourdes, et elles seront si nombreuses qu'il sera très difficile de marcher. Vous

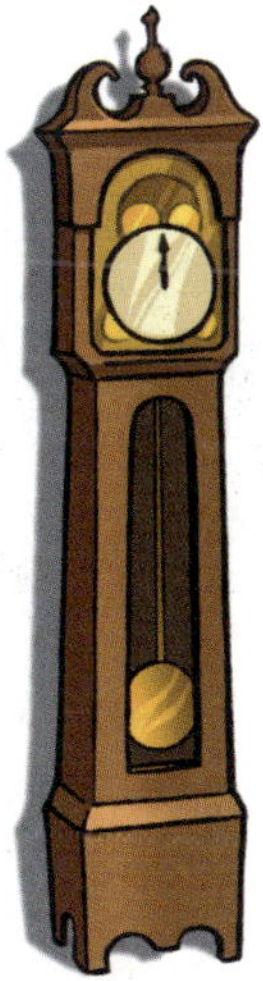

devez quitter la ville à cheval !

— Où va-t-on en trouver un ? demande Philippus avec angoisse.

— Ceux qui ont un cheval sont sûrement déjà en train de fuir le plus loin possible d'ici, renchérit Pétrus.

— Attendez ! dit soudain Cléo. Caïus a parlé d'un éléphant, non ?

— C'est vrai. On l'a aperçu près d'ici, dans une cage.

— Parfait, c'est encore mieux qu'un cheval ! Il pourra vous porter tous les deux.

Comme ça, vous ne risquez pas d'être séparés.

— Cléo, tu es vraiment géniale, murmure Balthazar à sa meilleure amie.

— Chacun son tour. Ton idée de prédiction était super aussi !

Pour délivrer  l'éléphant et sortir de l'amphithéâtre, les jumeaux n'ont même pas besoin de leurs armes. Paniqués, les gardes ont tous disparu.

Dans la rue, seuls les enfants sont contents

de jouer avec les pierres tièdes. Décidés à quitter la ville, les adultes courent pour rassembler leur famille et leurs biens les plus précieux.

L'étrange tempête empire à toute vitesse. Les pierres

sont de plus en plus lourdes et la pluie de cendres de plus en plus épaisse. Les gens se protègent avec des oreillers sur la tête. Ils respirent avec un linge devant la bouche. L'éléphant, lui, est très nerveux.

— Laissez-moi faire, dit Pétrus avec assurance. Je vais lui montrer qui commande, ici !

Pendant que Philippus, Cléo et Balthazar maintiennent tant bien que mal l'éléphant, Pétrus lance une corde pardessus son énorme

dos. Il réussit à la fixer, puis il entreprend d'escalader l'animal.

L'éléphant barrit, se secoue, se cabre, mais Pétrus résiste. Il finit par réussir à s'asseoir. Là, il saisit des deux mains les grandes oreilles.

L'éléphant saute si violemment que les enfants et Philippus lâchent la corde. Seul Pétrus réussit à s'agripper en serrant les oreilles. Mais la bête, affolée, s'est mise à foncer, dos au Vésuve.

— Philippus ! crie Pétrus.

— Pétrus ! hurle Philippus.

En quelques secondes, l'éléphant et son cavalier ont complètement disparu dans la tempête de cendres.

— Oh non ! s'exclame Cléo, stupéfaite. Notre mission a échoué !

Mais Grodof la tire par la manche de sa tunique, l'air de dire : « Viens, Cléo ! On doit fuir, nous aussi ! Au moins, sauvons Philippus ! »

Chapitre 8

Sauvés !

— Tu as raison, Grodof, lui répond Cléo. Si les jumeaux s'en sortent chacun de leur côté, ils pourront peut-être se retrouver un jour… Balthazar, comment on fait pour s'échapper de Pompéi ?

— Pas facile ! La mer est si agitée qu'aucun navire ne pourra quitter le port. Dans la campagne, beaucoup de gens vont être rattrapés par des cendres brûlantes. Et demain matin, une explosion de gaz brûlants va finir de détruire Pompéi.

— Oh, là, là !C'est horrible ! s'écrie Cléo. Qu'est-ce qu'on peut faire alors ?

— Pour commencer, il faut s'accrocher les uns aux autres. On ne doit surtout pas se perdre !

Dans la tempête de cendres, Balthazar prend la main de Cléo, qui attrape le collier de Grodof, qui tient dans sa gueule le filet de pêcheur, que Philippus a solidement accroché autour de sa taille.

— On va loin, comme ça? demande Cléo.

— Pas trop!

À tâtons, Balthazar traverse la grande place devant

l'amphithéâtre. Heureusement qu'il a adoré son livre sur Pompéi, et qu'il connaît le plan de la ville par cœur !

Il longe des maisons jusqu'à un carrefour, tourne dans une rue perpendiculaire, dépasse quelques boutiques et, enfin, pousse une lourde porte métallique.

Les enfants, Grodof et Philippus se retrouvent dans une haute pièce voûtée, avec un bassin d'eau très profond... Ils sont ravis de pouvoir boire quelques gorgées d'eau fraîche et de laver leurs visages couverts de cendres !

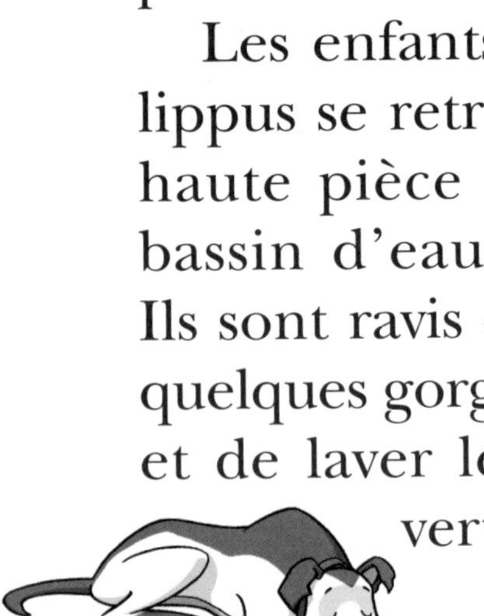

— Où est-ce qu'on est ? demande Cléo.

Sa voix résonne sous la voûte.

— Dans l'un des réservoirs de la ville, explique Balthazar. Tu vois ce tunnel cimenté qui débouche sur le bassin ? Il apporte l'eau depuis un aqueduc long de plusieurs kilomètres. En passant par ce tunnel, on va rejoindre l'aqueduc. Là, on prendra la branche de droite, qui nous éloignera du Vésuve. Et pendant tout ce temps, on sera protégés des cendres brûlantes.

C'est ce qu'ils réussissent à faire, en pataugeant dans l'eau aussi vite qu'ils le peuvent, dans l'obscurité totale.

Enfin, quelques heures plus tard, épuisés, ils sortent à l'air libre, loin de Pompéi. Un bruit sourd et régulier leur fait tourner la tête. Des soldats romains!

Un centurion s'approche:

— Venez-vous de Pompéi? L'empereur Titus nous a chargés d'aider les réfugiés. Nous avons de la nourriture pour vous. Et nous

allons vous ramener à Rome.

Une semaine après cette évasion incroyable, les enfants, leur chien et Philippus se retrouvent à Rome, sur le Forum, une place gigantesque. Ils se partagent un gros pain rond parfumé au garum.

— C'est presque aussi bon que la sauce au restaurant chinois, fait remarquer Balthazar.

De tous les côtés,

circule une foule compacte : orateurs, avocats, soldats, marchands, mendiants…

— Comment retrouver Pétrus ? gémit Philippus. Rome est si grande et si peuplée !

— Bien sûr, réfléchit Cléo à voix haute. Ton jumeau…

Mais elle n'a pas le temps de finir sa phrase. Au mot « jumeau », Philippus a poussé un cri.

— Rome a été fondée par des jumeaux, comme nous !

— Romulus et Remus, précise Balthazar.

— Ils sont sûrement représentés quelque part !

— Il existe une statue de la louve qui les a nourris. Elle se trouve sur la colline du Capitole, près du temple de Jupiter.

En apercevant de loin la sculpture en pierre noire, Philippus se met à courir : son frère Pétrus l'attend, debout devant la louve ! Ils ont eu exactement la même idée : se placer sous la protection des jumeaux les plus célèbres de tout l'Empire romain !

Aussitôt, le fantôme du gladiateur surgit devant les enfants.

— Grâce à vous, s'écrie-t-il, mon frère et moi avons survécu à cette catastrophe. Ce qui nous a permis de nous retrouver ! Et jamais plus je ne me séparerai de lui !

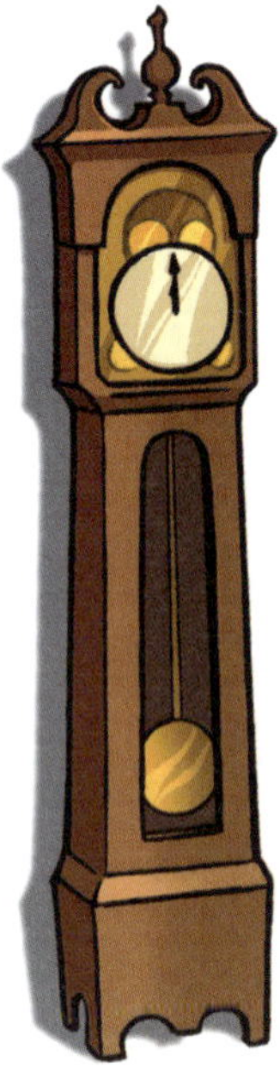

Aussitôt, il s'envole pour le Pays du Repos Souriant. Autour de Cléo, Balthazar et Grodof, tout se met à danser : les jumeaux gladiateurs, le temple, la louve... La salle des gardes réapparaît.

Quelque part dans le Château des Ombres, l'horloge invisible sonne... treize coups ! Les enfants bâillent à s'en décrocher la mâchoire. Il est vraiment temps d'aller se coucher.

FIN

Bientôt, Cléo, Balthazar et Grodof vivront une nouvelle aventure merveilleuse. Ils voleront au secours du fantôme d'une princesse de la Renaissance.

La momie du Pharaon

Le trésor de Barbe-Jaune

Le tournoi maudit

Les as-tu tous lus ?
Sophie Marvaud
Ghost secret
Le silex magique
4
Le silex magique
Sophie Marvaud
Ghost secret
La surprise du Roi-Soleil
5
La surprise du Roi-Soleil

www.bibliothequerose.com
Le site de
tes héros préférés
LA BIBLIOTHÈQUE ROSE
TES SÉRIES PRÉFÉRÉES
CONCOURS
QUOI DE NEUF ?
L'ATELIER
LA BOUTIQUE
BIBLIOTHÈQUE ROSE
LA BIBLIOTHÈQUE ROSE

Table

« Pour l'éditeur, le principe est d'utiliser des papiers composés de fibres naturelles, renouvelables, recyclables et fabriquées à partir de bois issus de forêts qui adoptent un système d'aménagement durable. En outre, l'éditeur attend de ses fournisseurs de papier qu'ils s'inscrivent dans une démarche de certification environnementale reconnue. »

Imprimé en France par Jean-Lamour - Groupe Qualibris
Dépôt légal : octobre 2008
20.20.1665.7/01 – ISBN 978-2-01-201665-1
Loi n°49-956 du 16 juillet 1949
sur les publications destinées à la jeunesse